JN424985

Sweet Home

허 삼 욱

시력이 좋아지다

애지시선088

시력이 좋아지다

허상욱 시집

애지시선 088

시력이 좋아지다

2020년 5월 15일 초판 1쇄 발행

지은이 허상욱
펴낸이 윤영진
기획편집 함순례
홍 보 한천규
펴낸곳 도서출판 애지
등록 제 2005-000005호
주소 34570 대전광역시 동구 대전천북로 12
전화 042 637 9942
팩스 042 635 9941
전자우편 ejiweb@hanmail.net

ISBN 978-89-92219-89-1 03810

* 이 책은 2020년 문화체육관광부와 장애인문화예술원 창작지원금을 받았습니다. 문화체육관광부 한국장애인문화예술원 Korea Disability Arts & Culture Center

시인의 말

나는 캄캄한 내 몸속에 갇혀 있다.

출구도 없고 불빛도 없다.
보아주는 이도 하나 없다.

일순, 여린 안개가 새벽처럼 인다.
그 흐린 것을 향해 나를 풀어낸다.

희부연 저 너머로
내 시력이 천천히 회복되고 있다.

2020년 봄
허상욱

■ 차례

제2부 기린과 가을과 시

제3부 치킨 성자

제4부 날지 않는 백조

〈일러두기〉

*본문에서 〉는 '단락 공백 표시'로 한 연이 새로 시작된다는 표시이다.

제1부

청개구리의 사랑

채송화

저녁 창가에 나앉은 어린 창녀들
그냥 잠시 쉬고 있을 뿐이다

단 한번 넓혀 보지 못한 잎으로
짧아 더 슬픈 길이로

짐처럼 올라앉은 꽃잎에
붉은 그림자 엷게 지으면서……

옹이

입도 항문도 내 몸의 일부여서
가릴 것을 구분한다

뚫린 위치가 자리가 되는 나무에
어디로는 새가 와서 살고
또 어디로는 벌레가 깃든다

늙은 나무에 가난한 새와
어린 벌레가 찾아와 살지만
하나는 먹는 놈이고
다른 하나는 먹히는 놈이다

눈도 다 보는 게 아니듯
입도 다 말이 아니다

질경이

뿌리로 견디는 걸 말하자면
대체로 결가부좌형이다
무릎은 아프고 바닥은 차다

다만 새벽이슬에 흠뻑 젖은
목덜미 하나 꼿꼿하여
바람은 부질없다

채 한 뼘도 안 되는
곁으로 주저앉은 자리
짙은 색깔이 선명하다

볕이 차면 입이 넓어지는 것이므로
꽃대가 기우는 쪽으로
마음 하나 따라간다

마라도

밤새 밀려와
그림자조차 남기지 못하는 파도가
여기 잠시 쉬었다 갑니다

누구를 향하던 마음 한 조각
침묵 속으로 번식하여
어린 갈매기의 울음으로 가만가만 재워 봅니다

사방이 터져 있는 것 같지만
다 열려 있는 건 아니어서
나는 이제야 섬 같은 성을 봅니다

여기 서서 보면
울먹이는 파도가 입술인지 잇몸인지
누구도 헤아리지 못합니다

홀씨

너는 이제 그만 아파도 된다고 생각하지
나는 지는 날만 기다리고 있는데

너는 그저 멀리 날아가 버리면 끝이지
나는 니가 없는 뜰 위에 서서
목 길게 빼고 망연망연 쇠기로 하는데

너는 설운 숨결 떠도는 허공을 쥐고 있지
나는 늙어가는 뿌리 속을
하잘것없이 파고 있으면 그만인데

A

아버지는 다리 벌린 지게가 되었다
작대기도 없는데 반듯하시다

"에이 참" 아버지는 괜한 짜증이시다

사다리꼴 뿔과 다리를 가지고
우리 집 공간에 버티고 있었으므로
아버지는 오늘도 힘드신가 보다

가랑이를 벌리고 있지 않으면 넘어지기에
정확한 삼각을 두 다리로 힘겹게 버티고 있다

아픈 다리를 버티는 아버지 때문에
"에이"는 A가 되었다

청개구리의 사랑

등이 파란 개구리가 사랑에 빠졌어
색깔이 바로 그늘이라는 것을 알게 된 거지

빗방울이 떨어지는 색깔
은사시나무의 손 흔드는 색깔

자신을 부르는 색깔 등 때문에
등이 파래지고 있잖아

파란 한때의 사랑을 색깔이 깨우고 있어
밤이 파랗게 지워지도록 개구리는 개굴개굴 울어

등이 파랗다는 것은 별이 없어도
나쁘지 않다는 걸 알게 된 거야

그렇게 보는 각도가 달라진 거야
이제 등이 파라면 온몸이 파랗지 않아도 돼

낮달

울웅울웅 선로도 없는 바퀴가

시도 때도 없이 능선을 구르다가

저만치 수평으로 떠서는

나와 시선을 맞추고 있다

'당신 거기 있었군요' 하듯이

풍치

바람 속으로 피는 꽃이다

앙다물수록
방울방울 시린 바람 스며 나온다

이는 아프지 않고
잇몸만 아픈데

의자에 누워 입을 하늘로 벌리고 있으니
들뜬 통증 하나가 허공처럼 머물러 있다

내 입속에서도
무언가 부화하고 있는가 보다

칡꽃

절벽에 오르자 바람이 분다
이내 잎사귀들이 흔들린다

평지와 다른 몸뚱어리를 생각하니
아찔한 높이가 위태하다

뛰어내리고 싶은 충동을 참자
옆구리 근처에서 꽃이 핀다

그 꽃의 미련 때문에
목마른 사랑이 가끔 내게도 찾아왔다

노을

산이 빨강 꽃잎 한 바구니를 이고 가다가
계곡에 왈칵! 엎질렀어

빨강 꽃잎이 허공에 번져
노을처럼 울먹울먹 스며들었어

지지 않는 꽃을 욕심내려다가
기어이 계곡만 물들인 거야

잣나무

옆 사람이 애인도 아니면서
팔을 얹는다

누가 누구와 잤냐 물어보면
그냥 솔방울같이 웃는다

바람조차 머무르지 않았으므로
잎과 잎 사이가 시원하다

끝이 뾰족해도
서로 따갑지 않다

잣나무의 키가 늘어나는 것을 올려다보면
송진 같은 입김으로 내가 번진다

기대서 조금 자야겠다

수련의 이유

연못은 탁한데 저만치 떠 있는 빛깔은 선명하다

연못 위에 연잎을 둥둥 띄워놓고
화창한 여름날, 묵언수련 중이신 부처님

꽃을 보면 줄기의 방향을 아는데
한참 들여다보아도 그 아래가 보이지 않는다

뙤약볕을 발그래 견디고 있으면 꽃이 보인다고 하는데
오래 건너다보아도 거리는 그대로다

물컹한 연못 근처에서 곡차 한잔하시고
낮잠 한숨 주무시는지도 모르겠다

따가운 이 여름, 수련의 이유를 도무지 알 수 없다

안 보이는 안경

보이지 않는 것으로
보는 것을 보려는 것이다

가릴수록 선명해지는
이 테두리 안에서
투명한 동작, 안절부절 불안하다

감을 수는 없고
벗을 수만 있기에

맹꽁이

나는 맹
너는 꽁

너를 찾아서
우리 둘이
맹꽁맹꽁하고 싶은데

나는 맹하고
너는 꽁하여
이 여름이 길다

만리포

파도는 서해에서 건진 그 무언가를
차곡차곡 말려 보고 싶은 것이다

물은 오늘도 비린 것을 썰어
해변에 연거푸 포개 놓는다

모래는 그걸 날름 집어 먹고
또 날름 집어 먹는다

저렇게 썰다 보면
흔적이라도 남을까 싶은 것이다

수천수만 년을 썰어 말리면서
모래사장 때문에 파도는
쉬이 쉬이이, 쉬고 싶은 것이다

갈대의 방향

산 너머에는 서풍이 불더라도
다만 옆사람과 부딪치지 않기 위해
우린 같은 방향으로 흔들렸다

내가 목마른 지점까지 어둠은 길어져 있는 것이라서
호수 쪽으로 쓸어놓은 혀 닮은 말들이 무성하다
누웠다가 일어서는 저 갈대와 억새가 같은 이웃인 걸 알겠다

이 호수의 가녘에는 누가 심은 한 움큼이 있어
아무렇지 않게 허공에 손가락질하는 갈대도 있다
축축한 눈가가 쓰려오고 마른 입술이 굳어가면서

결국 붉던 해도 지상으로 내려올 것이라 믿으면서
속 다 비워질 때까지 그 속을 떠날 수 없다

무심히 같은 방향으로 흔들릴 뿐이다

겨울 숲

겨울의 옆구리가 울먹이듯 건너온다
앞사람의 머플러에 내 차가운 이마가 닿으면
뒤따르는 모양으로 잠시 멈춰선다

밤새 불던 입김은 멀리 가지 못하고
엉거주춤 얼고 있는데
한평생 피곤한 육신은 고만큼의 간격이라서
여름내 흔들던 가지를 쉬고 있다

살아 있는 걸 아닌 척하며
죽을 수밖에 없는 숲으로 잠시 들어가 본다
여름과 겨울 중
어느 것이 더 무거운지 저울질해 본다

마지막 책장을 넘기고 나면 수의를 입고
밀린 전기세를 어쩌지 못해 나도 하얘지면서
희끗희끗 지워지는 겨울로 마중 나가기로 한다

보리보리

흙을 한움큼 쥐고
자, 다같이 출렁이기로 합니다

빼곡하게 촘촘하게 그늘을 지워놓고
다함께 고개 들기로 합니다
물결 출렁이는 소리가 되기로 합니다

무릎을 굽히고 허리를 낮추고
촘촘한 이 밭에서
좀 더 구석진 사이를 찾아보기로 합니다

거기서 무수한 줄기가 한 물결이 되기로 합니다
보리보리 한 입이 되어 보기로 합니다
쓸려 갔다 쓸려 오는 바람으로

오늘은 보리가 바람이 되는 날로
오래오래 출렁이기로 합니다

꽃

붉게 피는 나는
일순 터지는 순간을 위해 살아
문득 아무런 들판 위에 서서

어김없이 또 피는 것이나
애써 피면서 저절로 피는 척하는 것이나
짓다만 몸짓으로 피는 것까지

내가 너로 번지는 것 또한
모두가 한낱 바람 같은 손길이었다는 걸
이제는 알 것도 같아

속속 날마다 더 선명해지면서
꽃을 꽃이게 하던
아픈 순간으로 나는 살아

제2부

기린과 가을과 시

마흔 살

산밤 따러 갔는데
입을 한껏 벌리고 있는
누구의 마흔 살을 보았다

저렇게 함빡 놀란 척해주는 것
아무런 조건 없이 다 내어주는 것
그러면서도 제자리 지키는 것

가끔 바람에 흔들리고 있었으므로
고독해도 외로워 보이지 않는 게
거기 매달려 있었구나

그믐밤

눈빛 하나 산마루에 띄워놓지 않고
내가 너를 어떻게 사랑했다 말하랴

산 너머에 기우는 등불 하나 켜놓지 않고
무슨 기다림을 아쉬워하랴

슬그머니 눈 감지 않으면 무엇이 보이랴
마냥 치켜 올려다보지 않고 눈이라도 감으랴

자정 즈음에 더 그리운 사람아
등불 되어 가슴마다 환해지는 밤

밤하늘로 떠가는 낡은 조각배가
산같이 파도에 실려 간다

치석

치석 같은 치욕이야
뿌리 근처에 살아
틈을 메우며 살아

어떤 모래의 성분과 같아
돌을 키우고
허물어 버리기를 반복하는 거야

지금은 금속으로 돌의 음을 연주하는 시간
치석이 아니라면 내 속으로 울리는
그 아픈 소리를 들을 수 없거든

저기 어떤 곳에서도 정직했던 누런색이
사방팔방 비상하는 것 좀 봐

갈대

일생을 출렁거린 저수가 묻는다
툭툭! 대못비를 맞고 호수에 고정된 것이다

터진 상처는 아물지 않더라도
물처럼 어디론가 흘러가고
늙어도 탄력 좋은 항문을 가지고 사는 것이다

목구멍으로 이어진 실마리를 놓치지 않으려고
산등성이에는 술 취해 돌아다니는 눈동자도 떠 있는데
저렇게 나이를 먹을 줄 아는 갈대도 있는 것이다

여자만

물이 움푹 고인 곳에서는
갈대가 더욱 기승이다

파도에 실린 간밤 거웃들
눈이 와도 얼어붙지 않는다

저렇게 흔들리는 갈대는
물을 움키고 사는 일상이었으므로
여자만의 전유물이다

마도요

갯벌에 다리 묶인 시간이
요통 한번 느끼지도 못한 채 부지런하다

맛써개를 쉬듯 하늘 한번 바라보자
물은 비로소 종아리께에 닫는다

깃털에 얼룩 한 점 남기지 않고도
갯벌을 빚는 미끈한 어부의 하루

이들에게 밀물은
썰물이 지나간 쪽에서 몰려온다

도요라면 날카로운 끝이 제일이라
미끈한 종아리의 길이는 이 날것의 상징이 아니다

온갖 것들을 뻘 안으로 불러들이는 갯벌
이곳은 뻘이지만 또 하나의 벌이다

〉

짠 것과 비린 것이 없다면 날카로운 부리도 없다
마냥 마르지 않는 벌이 축축하다

조금조금 많은 게 묻은 다리 사이로
걸쭉한 요통이 지나간다

금붕어의 세상

나는 아침마다 집을 비우고
너는 그 집을 지키지

나는 겉이 검고
너는 빨갛지

나는 듣기만 하고
너는 입모양으로만 말하지

너는 나를 좋아하고
나는 너를 사랑해

너는 그 안에서 젖어가고
너를 보는 나는 이 밖에서 끝끝내 목마르거든

너의 수족관은 한없이 크고
나의 세상은 고작 그만큼만 해

보도블록

내게 눌린 기억은 마름모꼴인데
그녀는 촘촘 변화무쌍해요

나는 이어진 모서리만 밟히는데
그녀는 밟은 면이 희미해요

나는 살비듬이 가려운데
그녀는 사이사이 경계를 넘어 다녀요

나는 내민 손이 부끄러운데
그녀는 어느 곳에든 관심이 많아요

나는 숫자만 더하며 걷는데
그녀는 경계석만 보고 걸어요

그녀의 민낯을 보고 싶은데
그녀는 뒷모습만 보여요

섬

파도가 있어 다행이다
겨우 망망한 시선 끝이지만
멀리멀리 떠나보낼 수 있어
발밑이 깊어
천만 다행이다

살아가는 법을 배우기 위해
거듭 물 맞으며
그토록 긴 세월 견디면서
또 한번 물속에
빠지지 않기를 바라면서

찬 벼랑이라도 나누어 핥으며
돌멩이같이 몇 개
물 위에 필사적으로 떠 있어서
그나마 다행이다

기린과 가을과 시

저녁 먹고 깊어가는 가을로 나가봅니다
당신께로 한 무리가 건너가는 길에
목마른 나를 데리러

목 길어지지 않고는 이 가을을 넘겨다 볼 수 없어서
그렇게 미진한 사랑이 더 아쉬워서

고독 한두 겹 나려 쌓이고
길어진 다리 아래 더 바래가는 색감들
거리마다 하나 둘 서성입니다

이제는 무심코 흘려보내야 합니다
긴 목 더 시려야 합니다

사락사락 쓸려가는 다리 아래
머지않아 다 지워진 겨울이
아무렇지 않게 밀려올 것입니다

겨울비

이 밤 무슨 할 말이 있어서가 아니다
추적추적 당신께로 한 걸음 다가서고픈
가련한 비의 마음일 따름이다

아무도 모르는 사이 어둠마저 사라지고
비가 오는 골목도
저렇게 내리다가 기억처럼 얼어버리고 싶은 것이다

무엇이든 지울 수 있겠지만
결국 아무것도 지우지 못하고 있었으므로
이 새벽은 근처까지 온 거짓말 같다

밤을 다 건너왔다는 사실을 알아버렸을 때
골목에는 검은 비가 하얗게 얼고 있다
남은 빗방울로도 하나의 길이 열리는지

나를 주저하게 하는 곳에 가로등 하나

길게 서 있다 저런 빛깔로

어두운 밤 골목, 우선 엎질러 있기로 한다

시소게임

낮은 곳이 이기는 것인데
왜 한쪽으로 기울어지는 걸 견뎌야 하나요

서로가 바닥을 자꾸 추어올리는데
가장 환하게 웃는 것은 어느 쪽일까요

중력은 참 부정확한 모순율인데
시소는 얼마나 친절한 저울인가요

시원한 것과 소원한 것은 같은 말인데
왜 같은 자리를 위해 애쓰나요

힘든 일을 잘 이겨 내면 바닥으로 곤두박질치는데
내 반대편에 앉아줄 사람은 어디 있나요

담쟁이

그 벽에는 걸린 유서가 없다
다만 부치지 못한 소식 몇 장 흔들리고 있을 뿐

시절 또한 촘촘하여
바람 부는 날을 기다리면서 여름을 퍼렇게 쓰면서
마냥 걸려 있는 것인가

수식을 배운 적 없기에 온종일 펄럭이고
뛰어내릴 시간을 알려줄 사람 하나 없기에
이토록 매달려 있는 것인가

엘리베이터

오늘은 기어이
그 속에 내시경을 내려보내고 싶다

내 마음은 무게가 없으므로
중력을 거슬러 오르면서
속으로 엿보고 싶은 마음 한 자락이 오르내린다

이 아주 불경스런 관음증에
땅속을 내려가지 않아도
내 입은 좌우로 헤벌쭉 벌어져 있다

옷이라도 벗고 환한 그 속에 들어가
외박 한번 해 볼일이다

화원

손님을 맞으면 잎을 보고
주인을 만나면 꽃을 봅니다

더 진한 색의 꽃을
가꾸려는 욕심 때문입니다

이제는 남몰래 뽑아버린 들꽃 중에서
가장 마지막까지 남겨둘 것을 골라봅니다

뜰 앞의 완성된 화원이
먼저 그려지는 탓입니다

이제는 자신을 잃은 꽃들만
남아 있어도 부끄럽지 않습니다

여드름

가장 표독한 끝을 세워
그녀는
신에게 몇 개의 제물을 던졌다

해맑던 그 얼굴
일순 환희가 스쳐 지나지만
이내 근심은 더 깊어진다

그녀는 머지않아
노랑 빨강 제물을
더 많이 바칠 수 있을 것이라 믿는다

하회탈

웃는 얼굴로 굳어요
다 그렇게 빚는 거예요

어때요 정말 희한한 표정이지요
그래도 이 속 들여다보고
같이 한번 흉내는 내봐요

누가 그랬으니까 하듯
나를 찾아 한번 웃어봐요

자, 당신도
이 모양이 우스워서 웃어봐요
빙그레 탁본해요

오뚝이

흔들려도 우뚝 서 있는 당신이 자랑스러워요

아직 내릴 때가 아니니까

몇 정거장만 더 견뎌보기로 해요

제3부
치킨 성자

고구마

한 손이 아닌 두 손으로 받을 것
눈 감고 음미할 것
찢어지지 않게 천천히 벗길 것
목이 메여도 손가락을 넣지 말 것
껍질째 먹지 말 것
동치미와 함께 먹으면서
버석버석 먹는 소리를 내지 말 것
터지지 않게 살그머니 쥘 것
간식으로라도 감사할 것
더 이상 손바닥에 흙 묻히지 않고
손에 굳은살 박이지 않고 살기를 약속하지 말 것
너무 오래 쥐고 있지 말 것
나누어 주지 말고 혼자 먹을 것
하루에 한 번씩 꼭 우물우물 되새길 것
내 크기로 남의 크기를 비교하지 말 것

복숭아

흔적만 있는 그 틈이 너무 좁다

그 상큼한 수밀도를 보면 나도

볼살 발그레 열이 오른다

분이 묻어나도록 그리운 얼굴

서울로 전학 간 옆집 누나 같다

닭발

ㄱ자를 처음 써본 날
구부러진 발가락을 보았고
ㄴ자를 처음 써본 날
그 발톱의 빨간 양념을 빨았다

누구에게도 말할 수 없다는 점에서
이 철자는 구실을 구하는 데 급급했던 것이다

양념이 채 스미기도 전에
구부러진 발가락의 모양을
이런저런 기호로 표현했던 것이다

삶은 닭의 발을 꼭꼭 씹어
몸 안으로 들이는 일이라서
나는 그 쓴 잔을
꿀꺽꿀꺽 넘겨보는 것이다

꽃게

삶은 게의 속을 맛보는 시간이다
꽃의 순간을 보려고
다리의 개수를 센다

껍질을 덮고 눈의 방향을 찾지만
지금은 바다 쪽으로 난
꽃게의 화술을 읽는다

날카로운 집게를 보고
피는 바다의 냄새를 기억한다
게의 등은 꽃이면서 단단한 용기다

팔다리로 다 만들 수 없어
온몸으로 꽃 만드는 걸
식탁에 앉아 배운다

줄줄이 비엔나

어딜 봐요 내 입을 봐야지

바짝 허리가 조이면
머리도 배도
가슴도 똑같잖아요

머리가 터지든
똥꼬가 터지든
구별이 힘들지요

생각도 몸에 엮인 것이니
온몸이 터질 듯
다 같이 주렁주렁 맺혀봐요

숙주나물

이건 잎이 되기 전 뾰족한 입
보자기만 한 하늘을 바라기에는
아직은 노랑 풋내로 내 끝이 부끄럽다

어느새 봄이 가고 다른 이들 쑤욱 뽑혀가도
숙주는 아쉽지 않다
발 딛고 선 자리가 바늘 끝만 하여
옆구리가 점점 길어지고 있더라도

스스로 아무런 맛도 아니라는 것을 깨닫는다
여러 차례 눅눅한 밤과
시원한 낮을 번갈아 보내 보지만
다만 머리를 위로 향해 있어야 한다는 것은 안다

쉰 번에 쉰 밤을 새워도
결코 쉬지 않기를 기원할 뿐이다

만두

피가 되든 살이 되든 뚝뚝 떠내어
대리만족 한번 빚어보는 거다

다져진 속도, 늘어난 피도
꽉 찬 속에 살아 있으니까

실체는 늘 안개 너머에서
어른어른 흐려지는 것

입으로 전해지기 전
속내가 먼저 드러나지 않기를 바랄 뿐

흰 것이나 푸른 것이나
행여 붉은 것까지

피 맛을 보기 전에는
절대로 그 속 알 수 없다

산낙지

곁이 없어 그렇게 꼼지락거립니까

참기름에 버무려진 걸 어쩌라고
잘린 시절로 몸부림칩니까

내 머리가 근질근질한 건
대체 어쩌란 말입니까

무시로 산 것을 씹는데
이 다리가 그 다리인지
그 다리가 이 다리인지

궁금한 나는 어쩌란 말입니까

한잔 소주에 불콰해진 내가
남의 다리 씹고 있는 게 보이기는 합니까

총각김치

묶어도 아직은 더 세워보고 싶은 것이다
절이거나 울긋불긋 버무려져도
총각은 젓갈 맛에 길들어 가고 싶은 것이다

더없이 은근슬쩍 세워보고 싶은 것이다
봄날이 올 때까지 총각김치도 물러져 가면서
온전한 형체를 끝끝내 고수하고 싶은 것이다

총각은 시골에 뿌리박혀 20년을 살다가
상경한 서울이 어느새 또 그만큼인데
그도 저린 속 그 엉킨 속이 그리운 것이다

치킨 성자

고단한 털 뽑고 둥근 몸 펼쳐 누우면
창밖 달빛 온몸 가득 스민다
괜스레 굽어지는 닭발을 잘라내며
닭이 아닌 고기로 올라선다

환하게 벌려놓은 뱃속에
앙상한 늑골만 핏빛이다
한 밤 치욕을 위해
비루한 머리까지 잘라낸다
마치 이데아의 속성처럼

다리는 다리로 날개는 날개로
토막토막 살려 놓는다
버리는 행위는 후회의 방식이었으므로
잔인한 손길도 망설일 게 없다

이승과 저승의 갈림길을 건너려

끓는 가마에 제 육신을 던지듯 헌신한다
건져 올린 슬픔을 이념으로 버무린다
혐의도 없었으므로 조문도 없다

내가 한 잔의 술을 부르는 것은
닭을 추모하기 위한 것이며
내가 더 행복한 것은
그 닭을 내 몸 안쪽으로 모셨기 때문이다

잔치국수

당신께 향한 마음이 멀치 않기로
엉킨 수를 읽는다

곧은 면도 영원하지 않기에
잔잔한 이치를 깨닫는다

두 개의 곧은 가락으로
수십 수백의 가락을 건지는 입은
말도 무용해진다

시원하게 풀린다는 것은
한 뭉텅이 엉켜 있던 것이
말끔해진다는 것

한 입 크게 벌려
당신 고명한 뜻을 헤아려 본다

생굴

비린 것과 고소한 것의 차이가
단번에 쩍 벌어진 그 속에 들어 있다

하나이면서 갈라진 맛이
말캉쫄깃 양념처럼 들어차 있다

껍질은 깨지 않은 채
속살만 드러내고 있다
그 좁은 속 맛 내게 너무 넓다

생글생글 나만 알 것 같은 굴욕을
아무렇게 까먹는 그녀가 얄밉다

잡채

당면한 낯을 가리려고
엉킨 채 살아요
한 줄로 길게 풀릴 때까지
우리는 간간 누군가를 기다려요

깊숙이 들여다보거나
한걸음 떨어져서 바라보면
섞이지 않은 것은
어디에도 없어요

이 좁은 사이가 답답해 보이나요
오늘 맞은 잔치 같으니까
끝은 어딘가에 있으니까
우리 좀 더 길게 늘어나 보기로 해요

홍시

붉어진 감이 걸릴 데가
가을밖에 없는데

내가 정말 슬픈 건
감만 부풀어 있다는 것이다

오이냉국

봐라
이렇게 길쭉한 오이도 국이 되었잖냐?
생각만 하고 있음 뭐혀?
뺏뺏하게 버티지 말고
니 생각을 다듬고 썰어야 허지 않것냐?
요렇게 썰린 오이는 앞뒤가 다 똑같아
다 시작이고 끝인 겨
잘게잘게 썰면
문제 될 게 아무것도 없는 겨
제 속 들킬까봐 잔뜩 웅크릴 필요도 없는 겨
국물 시원허지 후딱 한 그릇 말고
얼른 출근혀

요구르트

이른 아침 잊지 말고 날 꼭 찾아줘
내 장은 시계 방향으로 돌아야 하니까

묵직한 곳에서 쌓인
당신을 위해 나는 살아

직장의 것은 직장에
결장의 것은 결장에 살거든

날 잊으려 애쓰지 말았으면 좋겠어
배설까지 생각하며 먹는 당신이
나는 너무 좋아

제4부
날지 않는 백조

구절초

첫째 마디는,

한때의 새끼손가락인 듯 그냥 뿌리인 듯 천진의 어느 한 끝부분이라

흙이 측은하여 세상의 틈으로 내어준 흔적이다

절절 순서대로 기어 나올 마디로

세월 같은 봄이라 이 수작도 생경한 내음이다

마디마디 피어나려면 봄이 가슴을 두드릴 때라 그럴 때는 아예 들판으로 걸어가는 것이라

맞춤한 호흡같이 저만의 몸짓같이 들여다볼수록 세밀한 시력으로 시작될 절이라

당연한 구절로 낯설어하는 빛깔이다

둘째 마디는,

혼자 살 수 없어 너 나 의지하는 마디라

저 먼 들판을 더 멀리 보려다 눈 맞은 시지의 방향이었으므로

기다림이나 포기의 자리를 가슴에 옮겨 키우는 방식이다

고개 꺾이지 않고 바람 한 두어 마디로 더듬어 올라
심심한 내음으로 조근조근 등 긁는 모양이다
뒷산 아직 설 녹은 바람으로
먼 언덕 너머 달빛 같은 연민의 절이라
미혹의 밤바람 소리마저 고개 숙여 귀담아 들을 마디다

셋째 마디는,
보루를 균형을 위한 마디로
내 마음인지 네 마음인지 모르는 걸 품에 껴안고 양 팔 가득 너 나 어화둥둥 즐거워할 때라
그 보드라운 걸 보듬고 좋아라 어르고 해거름까지 흐르던 연민으로
짓는 웃음 너머로 헤벌쭉 만연해지는 얘기다
매운 황새냉이보다 붉게 익은 맨드라미보다 까슬까슬 이어 가는 넝쿨장미보다
이 시디 쓴 마디가 더 기특한지라
화단에 젖은 풀 몇 가닥 내버려두며 쓸쓸한 입 우물거

리는 자리라

마디로 울다 웃다 한 살 더 떠먹이는 나이다

넷째 마디는,

날로 홍분 고조되어 잎 더 파란 마디라

푸릇푸릇 벽을 세운 풀숲도 피다 만 잎도 녹록하다

마디도 맞춤하여 네 마디라

제 살 퍼렇게 게워내도록 한참 충혈된 시절 돌아볼 것 없는 홍이 즐겁다

잎 내밀다가 손가락 사이 다른 잎을 훔쳐볼 아직은 파란 잎이라

허공 제 키 높이려고 이리저리 까치발 떼는지라

씁쓸한 잎 두어 절 떼어 내준다

다섯째 마디는,

오, 감동만으로 잎 다 피울 수 없는 마디라 허공 무슨 흔적 내려고 여기저기 손짓하는 몸짓이라

길어올린 물 쓴물인지 신물인지도 모른 채 밤낮 풀풀대느라 분주하다

풀은 한때 그냥 풀이었던 제 몸짓을 흔들다가 지금은 필사적으로 쓴 팔을 벌린다

파릇한 젊음 그 싱싱한 시절로 하염없이 곧게 뻗는지라

화단 경계가 허물어져 온통 들이 산이 꽃이다

다만 보아주는 이 많아도 깊이 봐주는 이 없어 초라한 잎이라 알아주는 이 없어 씁쓸한 잎이라

그냥 잎만 파랗다

여섯째 마디는,

처마 너머 얼비치는 햇것의 눈동자로도 제 몸이 뜨거워지는 계절이라

생각의 그림자 같은 노을 몇 점

이마 그림자로나 새겨질 흔적이다

이글대는 잎에는 뜨거움을 참느라 주름 고랑이 날로 깊어가는 지라

군락이 되어 가라앉을 한숨을 그러모아 놓은 것이다
가장 높은 곳의 부리 같은 열기가 닿은 곳만 넓어지는 지라 가린 손바닥같이 파랗게 펼쳐든 것이다
그저 한참 길어진 고개로 저 너른 곳
내려다볼 수 있으니
진한 대지의 색깔로 그 청춘 차츰 물들어가는 것이다

일곱째 마디는,
이제야 그 뜨겁던 영혼의 녹은 물 잎맥에 흘러 한 뼘 선 자리에도 감사할 줄 아는 마디라
장성한 화단에 앉아 밤새 만든 별똥별 치켜든 모양이라
절절 파랗게 일생토록 접은 잎새 하나
보여주고픈 셈이다
꺾이어야 할 관절이 남아 있다면 아직도 찢어야 할 잎이 남았다면 기꺼이 감수하겠노라
지금도 내미는 잎이다
또한 먼 강물보다 가까운 흙에 발 담그고 있어

더 좋은지라
마디에 마디로 올라서 있는 풀이 황송하다

여덟째 마디는,
길어 올린 잎을 자랑하지 않으며 간간 넓어진 시간을 흔들며 바람을 내게 부르는 나이라
너보다 내가 먼저 죽기를 바라는 나이다
길어진 마디만큼 바람의 잎을 벌리고 서 있는 시절 한 그루라
어깨 잠시 흔들렸을 뿐 뿌리는 여전히 굳건하다
아무런 옆구리 마디에도
갈라진 고랑이 새겨 있는 것이다
왜 아직 흙을 떠날 수 없는지 모호한 굵기라
집에 들지도 못하고 늦어가는 일상만 흔들어놓는다

아홉째 마디는,
붉게 희어진 머리로 말하는 마디라 피는 꽃잎과 지는

잎새가 서글프다

간격이 서로 아프게 부딪히지 않으려고 절절 애쓰다가 살면서 기어이 죽어가는 것을 알아버리는 것이라

결국 꽃은 꽃 혼자 필 뿐 잎은 잎 혼자 쓴다

세상은 마디의 굳은 사이만 훑으며 순해지는 바람이라

누구에게만 향기 진한 잎을 내미나니 꽃 한 잎 피는 데 아홉 마디가 간다

이토록 완전한 것이나 그렇지 않은 것이나

겹을 덜어 낸 향기만 먼저 날아오르곤 했다

개밥그릇

깨끗이 핥아도 개가 먹던 것이라고 했다
여름 한 철 의미 없는 빗물이 고이고
가끔씩 일그러진 주둥이로
훌쩍! 뒤집어지는 소리를 냈다

끼니마다 수신인 없는 날것들
누구보다 먼저 날아와 새카만 무리를 짓기도 했다

참말 같은 새들 몇 마리 찾아와
내 어설픈 발치를 쪼아대기도 했다

심장까지 관통한 공복을 향해
흰 이빨을 날카롭게 드러내기도 했다

적절한 굴복을 마련하기 위한 것이었으므로
나를 챙겨 주는 일용할 그릇이었으므로
말에 베인 혀가 쓰라린 밤

젖은 코를 킁킁 맡아본 적 있다

핥을수록 갈증이 더해가는 이 비운 때문에
짖지 않으면 더 고파지는 이 운명 때문에
핥아도 다 핥아지지 않는 밥알 하나가
까만 손톱자국처럼 남기도 했다

보잘것없어도 내 것이기에
누구에게도 내어 줄 수 없다

부레옥잠

얼룩얼룩 부유하는 흔적이 거울같이 비치면
물은 더욱 파랗게 질린다

두 볼은 팽팽한 몸의 전체가 되고
물고기는 그 사이를 헤쳐 보느라 뭉툭한 입만 아프다

꼬옥 쥔 주먹을 숨기고
거듭 연못을 집착하고 있기 때문에
부레는 찰랑거리면서 평평히 떠 있다

옥잠의 부표를 세워두고
녹아 흐르는 연못을 한가득 덮어 세운다

탁한 물에 제 몸을 담그고 시절을 견디는 부레옥잠
깊은 사색으로 하늘과 연못의 경계를 깨닫는다

하나가 아니면서 하나인 무리들

아무도 보아주지 않는 쪽으로 둥둥 시선을 둔다

결국 작은 샛길조차 마을 쪽으로 더 넓다
연못에 떠 있는 게 부레인지 부레에 떠 있는 게 옥잠인지
푸른빛이 더 선명하다

몸을 하얗게 비우고도 흔들리지 않으려는 듯
팽팽한 속을 담담히 숨기고 있다

검은 이끼는 물속 돌 밑에 있고
겨울을 견딘 연못 때문에 잎맥이 더 푸르다

보라색 나비 한 마리 잠시 머무르다
더 푸른 잎새에 놀라 멀리멀리 도망간다

가마우지

질끈 무슨 끈에 목이 묶였는지도 모른 채
모 자동차 영업사원 강 대리 배 대리 민 대리
건널목에 서서 빨간 눈 파란 눈으로 바뀔 때를 노린다
텀벙텀벙 그들만의 강에 제 몸 던지듯

꺅꺅꺅 모가지는 실적에 붙어 있고
그 끝은 언제나 고층 빌딩이 쥐고 있는데
이들은 회사를 사정없이 좋아했는지
완강한 회사도 묶인 끈을 풀어 줄 수 없다

꽉꽉! 느슨해진 타이가 조여 오면
펑펑한 구둣발은 지하철로 빌딩 숲으로
부릅뜬 눈은 건져 올릴 무언가를 위해
사방팔방 속속 들여다보고 있다

갑갑하다는 건 나를 묶은 현실을 지각했다는 것이기에
오늘의 수당 고기 한 점 위하여

까만 머리 팔 다리를 허부적거리고 있다

제각각 다른 키를 가지고
나란한 출발선에 세워진 강 대리 배 대리 민 대리
이들의 끈은 올가미도 아니었으므로
미미한 저항들이 서로 날갯짓만 부추겼으리라

물렁했어도 통째로 삼킬 수 없는 저 하루
꺼이꺼이! 팽팽하게 잡아당기는 목소리에
턱뼈가 먼저 아파서 내려놓은 저녁
쓰디쓴 한잔 소주를 위해 타이를 더 질끈 조일 것이다

용접

좀 더 단단한 결속을 위한 일이야
절대 가면을 벗어버리면 안 돼
서로 붙어먹는 게 제일 중요하거든

110이든 220이든 다 필요 없어
380V가 최고야
확, 돌아서는 거지

교접이든 주접이든
빠지지 않게, 떨어지지 않게

금을 걸었다고 해서 금이 된 것은 아니야
용접은 그럴 때 필요해

아, 어쩜 좋아
그런 부끄러움에 너무 눈이 부시면
좀 더 두꺼운 가면을 사

〉

손이 거칠어서 해먹을 게 이것밖에 없어서
금속이라면 다 좋아
끼리끼리라고 생각해도 돼

“어이, 거기 짤랑짤랑 걸어가는 아줌마
뭐 용접할 거 없수?”

날지 않는 백조

그는 질펀한 시장 어귀 바닥을 유영하고 있는 백조예요
허리 아래로 날개를 깊숙이 접은

그는 가장 깊은 곳까지
가라앉고 싶었는지도 모르겠어요
차라리 녹다 남은 소금처럼 춤사위를 끝낸 듯
곤고한 하루를 밀며 기고 있었으므로

절인 발이 없었으므로 이쑤시개나 면봉 따위로
시장 바닥의 수심을 가늠해 보고 있는 것일 수도

다만 찬양 같은 곡조는 아직 끝나지 않았는데
저 높은 곳을 향하여 날마다 나아갑니다
그런 식으로 헛손질처럼 제 몸을 밀어보고 있는 거예요

죽어서도 발가락만은 보이지 않겠다고
검은 타이어로 꽁꽁 싸매 놓은 것이지요

〉

철수세미가 무거워, 플라스틱 칫솔이 껄끄러워
구두약이 검어
백조는 날지 않고 있는 것인데

사람들은 꾸벅꾸벅 고갯짓하는 그 백조가 가여워
다만 주머니 속 몇 푼을 덜어
바구니에 짤랑짤랑! 떨궈보고 있는 거예요

수족관

날씬한 복도 세련된 복도
천천히 아주 천천히 절대 빠르지 않게
똑똑한 바둑돌 놓듯
날렵한 어류가 지나가지

어어! 까만 붕어 빨간 붕어
옆으로 옆으로 시선 따라 볼 붉히지
새로 부임한 처녀 선생님
물렁물렁 급식이 무르익는 시간을 걸어가지

잠긴 닫힌 상자를 열자
복잡한 먼지를 쓴 금기의 언어들
하오하오
안녕 안녕
굿모닝

소리 없는 물속은 오래 참는 내일의 방향이라지

가지런한 물결무늬로만 호기심을 미는 중이지
투명하게 들여다볼수록
스마트 똑똑 열리는 속이라지

가지가지 뾰족한 가시를 점점 감추기 시작하지
옆구리 비늘만 한쪽으로 스러지지
목멘 입이 먼저 문밖으로 올라가더니
어 어 어 시선 따라 손짓 따라가다가
결국 ㄱ ㄴ A B C 쪽으로만 따라가지

복도로 보고 있으면 수족관
폰으로 보면 어항 속 같지
주름 주름 포장된 마룻바닥 옆으로 잘 정돈된 아이들이 주렁주렁 영글지
보여서 더 빨개진 유리벽이지

문 열지 않아도 고린내는 탕탕 울리지

비린내는 줄줄 새지
알고 보면 길쭉한 형광의 빛을 이어놓고
자물쇠도 없이 잠가둔 건데

우리는 결국 이 벽으로 울먹이고 흔들리고
흘러내리고 싶지
모든 내력이 이 유리 안에서 쥐고 놓인다고
깨지거나 깨뜨릴 수 없는 물고기에게는
너나 더없이 황송하지

어린 물고기는 아주 머리가 깨어지기 전에 다시 한번
빠끔빠끔 입을 맞추며
울긋불긋 흐드러지는 벽이 되는 거지

팔 다리 대신 지느러미를 흔들고 머리 대신 옆구리를 흔들다가
한 봉지 헐어 모이를 먹으면

나는 작은 수족관에서 작은 수족만 들여다보고
너는 너는 큰 관에서 큰 관을

전직이 국어 선생님이었던 교장 선생님은
작은 물에서 빨간 까만 우리를 건져
큰물로 내보내려는 거지
거기로 우리를 던지려고
그 공간으로 예쁜 그녀를 밀어 넣어주는 거지

옆집 수족관 큰 관청으로 들여다보면
관 속에 관이 관 밖에 관이
서 있는 것뿐인데

파리

내 여름은 항상 바빴어요
당신과 나는 한 번도 손을 맞잡은 적이 없어요
미안해요
내 죄를 몰라 더 미안해요
나의 팔로 나의 다리로 미안해요

어른들은 먹고 싸는 행위로
이 세상의 흔적이 완성된다고 말했어요
그때부터 나는 죄가 아닌 행위가 되었어요
행위가 아닌 죄가 되었어요

별이 지나가면 황사는 뿌옇게 왔어요
내가 발 디딜 곳은 자동차 지붕 뜨겁던 오후처럼
참혹했어요 당신이 나를 볼 때
그때만큼은 저의 계절이었어요
환한 태양이 이마 꼭지를 데울 때 당신은 저를 보고 있었으니까요

〉

날개는 언제나 남루했어요
대체로 낮은 곳에서만 가벼운 육신을
부양해야 했으니까요
내가 먹는 것은 살기 위한 것
내가 싸는 것도 살아가기 위한 것이라 구차한 변명을 하면서

이제 나는 적막한 이 공간에 앉아
발도 손처럼 빌어요 용서받을 수 있다면
입도 틀어막고 버둥거리면서 빌어요
다만 배설물은 양식으로
양식은 배설물로써 깨달음을 대신해요

저 화려한 성찬보다
초라한 개밥그릇에서 새카만 낟알 한 알 건진다는 말이
더 크지요 기는 것보다 나는 날이 더해가는 오후

이 낮은 곳에 앉아
손 빌듯 두 손 모아요

구멍

구멍구멍 가지런한 사이에 일산화탄소 매캐하게 피어 나더니
커튼의 아래 깃처럼 휘어지는 골목
끌리던 길바닥의 검푸른 거미 한 두어 마리 퇴근길 구둣발에 눌려
새카맣게 터져 부서져
어두운 그 껍질은 거기 돌멩이로 눌러놓고
모른척하기로 해

이 별도 구멍이었다는 게 싱싱한 줄기가 흘렀었다는 게
찝찔하게 안쪽 벽에 새겨져
넝쿨넝쿨 장미만 그걸 넘겨다보며 확인하고 기록해
구멍처럼 뻥 뚫려 있는 걸 아무도 몰랐던 모양이야

부표가 된 이정표는 가로로 세로로 그 시커먼 테두리를 착각해서 떠다니고 있는데
건조해서 펄럭이는 광고지가 벽에 붙어 미친 듯

손을 흔들어대고 있는데

아쉽게도 배고픈 내 배꼽은 시커먼 대문 안쪽으로만 더 깊어져

가릉가릉 낡은 침이

목구멍으로 힘겹게 넘어가고 있는데

계란장수 여자와 고등어장수 남자가

리어커처럼 바큇살 겹쳐 스쳐가는 저녁

미끈한 미련과 뻣뻣한 욕심은 구멍 속에 붙어서 빠져나가지 못했어

아, 손만 닿았다 하면 구멍처럼 좁아지는 꽃잎들 때문에

오늘만큼은 동그란 눈동자를 체포하는 바람을 거절하려고 집으로 그냥 돌아오기로 해

까만 열매는 씁쓸한 젖가슴으로 붙어서

대롱대롱 매달려

슬픈 점 먹물처럼 똑똑! 찍어서

한숨이라는 길을 이어 놔

이제는 가지런한 머리카락 속에 흐려지는 슬픔이지만
아롱 새겨지는 제 몫의 봄을 그래도 넓혀
끈적끈적 안갯속을 미끄러지다가 까무러치다가 하면서
어느 틈에 찢겨 손가락 끝에 맺혀 있더라도

이제는 칸칸 보도블록 경계 사이에서
굴러다니는 금속만 날름날름 핥아 먹기로 해
언제부터인지 눈 속의 눈동자처럼 뻥 뚫린 통로가 되었으니까
그런 것들은 결국 검은 물을 흘리니까

따금따금 바늘로 방향을 가리킨 자리에 중심을 잡아 보기로 해
오후 한때 완전한 눈알이 걸려 있어
가위질 되지 않기 위해

입에 올라선 코와 이마에 눌린 눈동자 사이에
점점 이어져 있는 기호들 가득해
자리 잡은 것은 다 그래

룰루랄라 나는 이제야 하늘 구멍에 충실한 벌레
똑똑할수록 젊은 청춘들 이제는 신이 없어도 신을 그리워하지 않아
모든 끝은 구멍으로 다 귀결되어

매끈한 검은 돌 하나 주머니에 넣고 만지작거리는데
어느 순간부터 달그락거리는 소리가 나
결정된 본질이 반질반질 윤이 나
다만 구멍 밖에서 그 안쪽보다 머리를 소란스럽게 하는 음악 소리가
더 크게 들려

되돌아오는 메아리 소리 매일 밤 꺼지는 별 되어

더 작아져서 부스러기들 더 많아져
그래도 깨알같이 비비적거리는 미꾸라지처럼
죽자 죽자 살 구멍을 찾아

종점

종점이 없지요 버스도 기차도
까만 꽃에 들어가 잠을 자고 싶지요
잠을 못 자
그 피곤한 눈동자로 모든 세상이 속지요

점 한번 찍지 못하니까
꺼끌꺼끌한 뿌리의 감촉을 온몸으로 새겨요
웃을 일 없어
종 너머 점 너머에 종을 보면서

결국 종이 없으니까 점도 없지요
그러니까 성당도 없지요 절도 없지요
땡땡땡! 그렇게 예쁘게 찍힌 점이 없으니까
거리에 배 터져죽는 금속형 식물이 가득하지요

찍힌 점이 없으니
빵빵빵 배고픈 찻소리가 더 시끄럽게 들리지요

까맣게 점 한 개도 찍지 못하면서
저녁밥상 차리지도 못하고
붉게붉게 넘어가고 있지요

점이 없으면 오라는 곳 없어도
갈 곳 많지요 그래서
이리저리 불편하지요

아, 시작도 없으니 끝도 없지요
너무 오래 달려온 길마다
세상 무덤이 되는 연필 속 같지요
까맣게 피어나는 꽃을 더더욱 봐줄 수가 없지요

종이 없으니까 밤새워 뒤척이다가
아침마다 잠의 끝을 찾아 허둥대지요
결국 그 마침표 없으니까
여자 친구 데려다 놓고도 차 끊기기를 기다릴 수 없지요

도굴꾼

수탈한 거야 나쁜 도굴꾼이야
거기 서서 나는 오래된 것일수록 더 눈물겨워
울고 싶어 비어 있어 아름다운 무덤 속이야

문 열면 누구에게는 저주야 누구에게는 축복이야
다신 녹지 않을 듯
골육의 결빙들이 쌓여가 머리꼭지가 돼
그때 황량한 사막이 밀려와 조금이라도 신선한 것이라면 맨 아래층으로 하강하려고

답답해 답답해 아직 파먹을 속이 있으니까
눈은 눈두덩 안에서만 떠 있었으므로
밤 깊어 공복도 깊어 그리운 옛 유적이 떠올라

어떤 때는 똑똑 노크 소리도 없이 열려 슬그머니
나는 채우고 너는 파먹으려고
이것은 일상과 관계된 일이었으므로

〉〉

죽은 게 산 걸 유혹하는 것이었으므로
깊이를 짐작할 수 없는 깊이를 들여다보려고
생각 속으로 파들어 간 무덤인지도
나는 그 먼 신기루를 벌름거리던 낙타가 돼

문짝 여닫을 때마다 희미해지는 저 불빛 때문에
환할수록 시력은 더 어두워져
누구도 얼굴 감싸 쥐고 웅웅! 울부짖는 묘지가 돼

무럭무럭 피어나는 식욕을 식성을 쾅! 닫아버려
문득 한 무덤 헐어서 밥을 먹어
나도 누군가의 식욕이 되고 싶어서

눈사람

아스팔트 위로 바큇자국처럼 길 내고 싶지
꽁꽁 얼어버리고 싶지
문뜩 절대 뒤돌아보면 안 돼

저기 공원 작은 제단에는 입 틀어 막힌 제물이 얹히는데
팔다리 다 떼어 버리고
데굴데굴 굴러가며 더 두터워지고 싶지

어둠 끝자락 저편에서 밤을 새우면
목이 한껏 졸리지
그래서 나이는 주름주름 속으로만 먹지

기다리다 동그래지다가
소금가마니 뒤집어쓴 사람이 되고 싶어
완벽한 7080의 블루스를 켜지

가는 양동이 손잡이는 고구마밭 고랑과 이랑 사이에서
훔쳐 온 것

고무장갑은 둥지빌라 201호 아줌마 것
삽은 중동 모래사막에서 왔을까

눈은 사람이 되는 데 제 눈을 모두 써 버리기로 해
어떤 형체도 그 속을 들여다볼 수 없도록

목 졸려 죽을 것 같아 숨 막혀 얼어 죽을 것 같아
안녕하세요
얼른 뛰어나가 인사하고 싶어 웃고 싶어

돌아가는 먼 길을 말아 놓고
결국 차가운 몸집을 키웠던 거야

꽁꽁 얼어가는 목숨이라도 눈사람처럼 남겨 두려고
굴러가다가 길 내고 서 있고
서 있는 사람 되어 서 있는 눈 되어
그게 팔자려니 생각해

매미의 시절

형은 한약방에 가져다줄 매미껍질을 모으고 있다
매미는 허물을 잊어버리려고 소리를 지르고 있는데
니가 우니까 내가 여름에 우니까
나무는 매미 때문에 매미는 나무 때문에 바쁜 거니까

형의 벗은 옷은 왜 그늘에서 말리고 있을까
한참 들어봐도 나무의 겉만 갉아먹는 소리로 들려
매미도 여름이 오기 전에 무얼 벗을지 생각해야 했지

플라타너스는 껍질을 벗기는 방법을 알려 주지 않아
평범한 우리 형은 평범만 고집해
숲에서는 잡을 수 없는 벌레들이 도망 다니고
껍질은 눈 속에서만 으깨지는 것이니까

매미는 머리를 만나러 자꾸 기어오르지
형도 들여다 보고 싶었을 것이야 사분의 삼 부분에 터진 껍질을

매미는 답답한 자신의 속이 아파 여름을 울어
알맹이는 보이지 않고 소리만 들려오니까

열쇠 수리공 불러놓고

항상 열리지 않은 문 때문에 당혹스럽지
오래전 짤랑짤랑 꽃다발 같은 걸 잃어버려
외진 뒤뜰에서 벽을 넘으려고 했지

붉어진 감잎은 답답한 담장 너머로
까닥까닥 운율을 타고 있는데
횅댕그렁 골목 어귀에 버려진 시계
오직 죽은 시간으로만 고정되지

마냥 뜨거운 문을 열고 싶지
지금껏 아기를 업어 노래 부르다가 재우다가
다시 재우다가 내가 잠들고는 하지만

분수도 모르고 솟구치는 그 집
21세기의 열쇠 수리공은 바다를 건너다가
들집에 들러 아이스커피를 한잔하는지
〉

뜨거운 쇳물을 부어 세수를 하고
나 지금도 맞지 않는 열쇠를 비틀고 있지
수런수런 소문들에게 청하는 불안한 악수로

한 문이 열려도 닫혀도 다른 문에 다치지
풀풀 찢어진 땅을 꿰매던 풀들마저
구름을 보더니 깔깔 웃지

누구도 문을 잠근 것이 아니지
어느 날 찾아온 문을 보았을 뿐이지

핏줄

흑을 숱하게 기고 지나던 싱싱했던 줄기가 마른 핏줄처럼 공원 벤치 옆에 납작 말라붙어 있었어요 눅눅한 여름 다행히 비는 내리지 않았어요 두 번째 시력 바깥쪽에 내가 앉아 있다는 것이 이날은 무척이나 슬펐지요

저렇게 눌려 완전하게 굳으면 흔적이 되는 것일까요 개미 몇 마리의 이빨 자국도 남기지 못하는 걸 슬퍼해야 할까요 기뻐해야 할까요 그냥 모양 서툰 기호로 오랫동안 발아래 굽어 있는 걸 지켜보고만 있어야 할까요

지난 성남병원 503호실에서 말라붙은 핏줄은 아직 어린 자식들의 안타까움을 부르고 있었어요 파리하게 꼬옥 쥔 마디에는 오래된 무언가가 끊어지지 않고 있었어요 아직 누구도 그걸 쉽게 펴보지 못한 것이지요

세상 모든 핏줄이 혀로 가까워진 것은 상관할 일이 아니지만 그날부터 나의 피부 속은 따뜻한 피가 흐르지 못

했어요 그저 사라지는 건 어쩔 수 없는 것이지요 마치 흙 속에 꿈틀거렸다가 걸어 나온 그 무엇처럼 망연히 피가 지나간 시간만 더듬어요

남는 게 세월일까요 그저 이름 없는 것들일까요 그 핏줄 곁의 핏줄이 그 핏줄 속의 핏줄이 피 한 방울 밀어낼 수 없는 지상에 대하여 슬퍼하고만 있어야 할까요

이 세상 모두가 이어지는 핏줄 속이라지만 가냘픈 내 어머니 팔뚝에는 바늘 한자리 꼽을 수 없어서 더 이상 들깨와 고구마를 심을 수 없어서 문과 문 사이로 젖은 바람이 일어요 나는 이때부터 남은 시간 속에 남아돌아요

나는 이토록 멀어지는 영혼조차 해석하지 못하는데 그리고 눈은 젖어가는데 왜 피는 말라갈까요 공원 벤치가 오후 다섯 시에서 여섯 시로 붉게 기우는 것만 망연히 바라봐야 할까요

참꽃 연가

당신은 온몸으로 산에 들에 엎질러놓고 붉게도 퍼질러 앉았네요 뜨겁지도 않은데 호들갑스럽네요 그런 당신 때문이랄까 봄 또한 밀려오네요 가지도 없이 목만 길어진 당신, 당신은 그냥 그렇게 물들어버린 것인가요 마냥 벌겋게

나는 숨이 막혀 그런 꽃잎의 겹을 세어 보면서 입을 빼끔빼끔거리고만 있어요 당신이 무질러 놓은 색깔에 눈부셔 하면서 그렇게라도 내게 말하고픈 말을 생각하면서 내 생각은 어디든 가지 못해요 단지 한 잎일 뿐이라고 단지 한 송이일 뿐이라고 위안을 해요 이 봄이 다 가도록

밀려가듯 밀려오는 당신을 들이라고 할까 산이라고 할까 다가온 삶이라고 할까 그런 당신도 노을을 닮았으므로 퍽이나 눈물겹네요 그런 꽃잎도 나를 남쪽의 방향으로 가리키고 있는데 봄 철쭉이 가을 단풍이 같이 그려지네요 속을 다 드러낸 것처럼 저 위에서부터 쏟아져 내리는 순

간 산이 들이 구분되지 않아요

진달래라 하기엔 엷게 물 흐려진 당신의 세월이 너무 환해요 참꽃이라 하기엔 차분히 물든 봄의 시선이 눈부셔요 하나는 먼저 오고 하나는 더디오는 꽃 같아요 한 아름 껴안고 있다가 그만 왈칵 쏟아놓은 사연 같아요 내 기억은 붉게 그 흘러내리는 동작으로 멈추고 싶어요 울먹울먹 한참 견디다 널브러진 미련 같아요 99% 남은 바닥이 보이지 않아요 차마 나도 그렇게 물들고 싶어요

나는 입까지 물들다가는 기어이 연해질 것이에요 내 작은 가슴에 엷은 초경이 들만한 기억이 될 것이에요 당신을 만나러 가고 싶은데 어느 쪽 창을 열어야 할까 한참 고심할 것이에요 당신을 보고 싶은 것은 괜찮은데 봄이 먼저 올까 봐 망설여져요 내 입을 벌리면 무슨 꽃이 튀어나올 것 같아 자꾸 뺨만 붉어지면서요

테니스

그들은 한 번씩 내 푸른 눈동자를 후려쳤다
번갈아가면서 내 주인이 바뀌었다

나는 도망 다니는 줄도 모르는 채
그물 같은 담을 넘어 다녔다
낮도 밤처럼 울며 넘었다

흙의 색으로부터 도망 중인 푸른 일탈이며
불필요한 감정으로부터 도망 중인
샛노란 관용이다

검은 안경을 쓰고 있는 관중으로부터
시선을 터뜨려 먹는다
찬란한 일상의 햇빛을 터뜨려 먹는다

도망치다가 당신의 눈 속으로 귓속으로
은신처를 삼다가

뜰채처럼 흙바닥에 팽개쳐 두고
내어줄 것과 받을 것을 확인한다

엇갈린 줄에 시선을 잡아두려고
총알처럼 날아가는 비명으로 귀를 뚫어보려고
그저 낮은 눈동자에만 허리를 굽힌다

순간순간 팡팡 터지는 공허에
함성 같은 피가 번지고
6:6 막상막하의 스코어는 아직 끝나지 않았다

애 지 시 선

002	붉디 붉은 호랑이	장석주 시집
003	붉은 사하라	김수우 시집
004	자전거 도둑	신현정 시집
005	정비공장 장미꽃	엄재국 시집
006	기차를 놓치다	손세실리아 시집
007	바람의 목례	김수열 시집
008	그리운 연어	박이화 시집
009	뜨거운 발	함순례 시집
010	정오의 순례	이기철 시집
011	그 남자의 손	정낙추 시집
012	즐거운 세탁	박영희 시집
013	구룡포로 간다	권선희 시집
014	좋은 날에 우는 사람	조재도 시집
015	여수의 잠	김열 시집
016	축제	김해자 시집
017	뜻밖에	박제영 시집
018	꽃들이 딸꾹	신정민 시집
019	안개부족	박미라 시집
020	아배 생각	안상학 시집
021	검은 꽃밭	윤은경 시집
022	숲에 들다	박두규 시집
023	물가죽 북	문신 시집
024	마늘 촛불	복효근 시집
025	어처구니 사랑	조동례 시집
026	소주 한 잔	차승호 시집
027	기찬 날	표성배 시집
028	물집	정군칠 시집
029	간절한 문장	서영식 시집
030	고장 난 아침	박남희 시집
031	하루만 더	고증식 시집
032	몸꽃	이종암 시집
033	허공에 지은 집	권정우 시집
034	수작	김나영 시집
035	나는 열 개의 눈동자를 가졌다	손병걸 시집
036	별을 의심하다	오인태 시집
037	생강 발가락	권덕하 시집
038	피의 고현학	이민호 시집
039	사람의 무늬	박일만 시집
040	기울어짐에 대하여	문숙 시집
041	노끈	이성목 시집
042	지독한 초록	권자미 시집
043	비데의 꿈은 분수다	정덕재 시집
044	글러브 중독자	마경덕 시집
045	허공의 깊이	한양명 시집